Das ist die
Geschichte von:

Siggi
der elektrische Strom

© 2011 Peter von Krusenstern
Idee und Illustration:
Peter von Krusenstern
Layout, Satz und Gestaltung:
kukmedien.de, Kirchzell
Druck und Verlag:
Books on Demand GmbH, Norderstedt

ISBN: 978 3 8423 4485 3

Bibliografische Informationen der Deutschen Bibliothek:
Die Deutsche Bibliothek verzeichnet diese Publikation
in der Deutschen Nationalbibliografie; detaillierte
bibliografische Daten sind im Internet über
http://dnb.d-nb.de abrufbar.

Das ist Siggi.

Siggi ist Strom. Elektrischer Strom.
Eigentlich kann man Siggi nicht sehen, denn elektrischer Strom ist unsichtbar.

Damit du Siggi aber auf seiner großen Reise begleiten kannst, ist der Strom in dieser Geschichte ausnahmsweise nicht unsichtbar.

Siggi lebt in Stromleitungen, in denen er mit einer unvorstellbaren Geschwindigkeit, zusammen mit seinen Brüdern und Schwestern, von einem Ort zum anderen rast. Und Siggi ist stark. Sehr stark sogar.

Aber beginnen wir am Anfang...

In diesem großen Gebäude wird Siggi geboren. Das ist ein Kraftwerk. In Kraftwerken wird elektrischer Strom erzeugt.

Es gibt verschiedene Arten von Kraftwerken: Kohlekraftwerke, Atomkraftwerke, Wasserkraftwerke. Egal welches Kraftwerk man nimmt, sie haben alle die gleiche Aufgabe. Sie müssen große Magneten zum Drehen bringen, die sich innerhalb von Kupferspulen befinden. Dadurch entsteht ein elektromagnetisches Feld und es fließen Elektronen. Siggi ist also ein Elektron. Und fließende Elektronen sind Strom. Der Strom wird über Stromleitungen zum Verbraucher gebracht.

Atomkraftwerk   Windkraftwerk   Solarenergie

Strom kann auch mit Sonnen- oder Windenergie erzeugt werden. Aber das ist eine andere Geschichte.

Vielleicht besitzt du auch ein kleines Kraftwerk?

An vielen Fahrrädern wird der Strom für die Beleuchtung
mit einem Dynamo erzeugt. Wenn sich das Antriebsrädchen
am Dynamo dreht, dann dreht sich auch der Magnet in der
Kupferspule. Es wird Strom erzeugt. Über ein Kabel wird
dieser Strom dann zu deiner Fahrradlampe geführt.
Ein Dynamo ist ein kleines Kraftwerk!

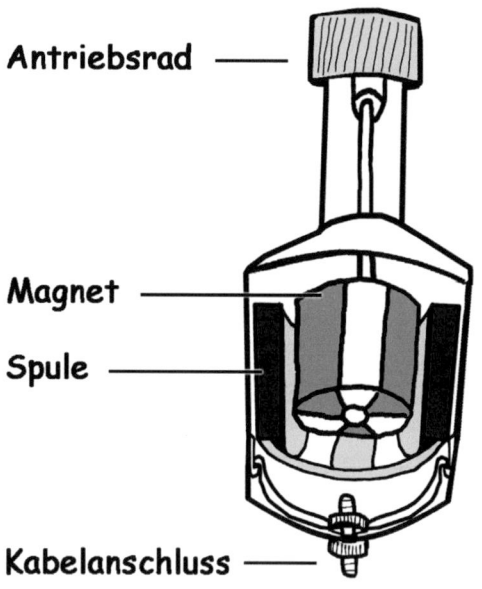

Antriebsrad ——

Magnet ——

Spule ——

Kabelanschluss ——

In den großen Kraftwerken stehen riesige Dynamos.
Man nennt sie Generatoren.

Hier in diesem großen Raum wird Siggi geboren.

In riesigen Generatoren drehen sich die Magnete in
Kupferspulen und erzeugen unaufhörlich Elektronen.
Ein Elektron nach dem anderen wird produziert.
Eines von ihnen ist Siggi.

Siggi ist noch gar nicht richtig auf der Welt, da
wird er auch schon in ein dickes Kabel gesteckt und
sofort beginnt für ihn eine lange und abenteuerli-
che Reise. Zusammen mit seinen vielen Geschwistern rast er in Windeseile durch die Stromleitung.
Aber Siggi ist nicht der Letzte in diesem Kabel.
Immer neue Geschwister folgen ihm. Und zusammen
bilden sie eine lange Kette.

Siggi hat keine Vorstellung, wohin die rasante Reise eigentlich geht. Plötzlich landet er in einem großen Etwas. Was ist das? Siggi ist genau so erstaunt und überrascht wie seine Geschwister. „Wo sind wir? Was machen wir hier? Was geschieht mit uns?" fragt er ein bisschen verunsichert. Es ist alles noch so neu für ihn...

Sie sind in einem Umspannwerk angekommen. Hier wird Siggi sehr stark gemacht. Seine Spannung wird auf 380 Kilovolt heraufgesetzt. Wenn Siggi jetzt in einen Kühlschrank, ein Radio oder in eine Lampe geraten würde... Oh je, mit seiner Kraft würde er sofort alle Geräte kaputt machen.

Zur gleichen Zeit wird das Umspannwerk von einer Schulklasse besichtigt. Hier gibt es viele interessante Dinge zu sehen. Mann kann ein leises Summen hören. Die Kinder sind sich nicht sicher, ob dieses Geräusch von den Geräten kommt, oder ob man den Strom hören kann. Einige Kinder glauben sogar, sie können die elektrische Spannung spüren. Die ganze Luft scheint mit Energie aufgeladen zu sein.

Im Umspannwerk rast Siggi durch verschiedene Leitungen, Gerätschaften und Apparaturen. Aus Siggi ist jetzt ein richtiger Kraftprotz geworden und er wird in eine Hochspannungsleitung gesteckt.

In Hochspannungsleitungen wird Strom über große Entfernungen transportiert.

Mit anderen Worten... Siggi muss jetzt eine große Entfernung zurück legen, bevor er den nächsten Zwischenstopp einlegen kann. Die Leitungen führen ihn über Wiesen und Felder, vorbei an großen Waldgebieten und manchmal kann er in der Ferne auch kleine Ortschaften erkennen.

Bestimmt hast du schon Hochspannungsleitungen gesehen. Das sind diese ganz großen Masten aus Metall, an denen weit oben die Stromleitungen befestigt sind. In diesen Leitungen eilt Siggi seinem nächsten Ziel entgegen.

Hochspannungsleitungen heißen nicht deswegen so, weil die Leitungen ganz hoch oben von einem Mast zum nächsten gespannt sind, sondern weil in diesen Leitungen Strom mit einer sehr hohen Spannung fließt.

So eine lange Reise ist anstrengend und kostet viel Energie. Siggi wurde deswegen so stark gemacht, damit er bei den nächsten Stationen nicht als kleiner Schwächling ankommt.

Endlich, nach einer langen aber sehr schnellen Reise mit mehreren Zwischenstopps und Umwandlungen, kommt Siggi in einem Trafohäuschen an. Hier wird seine Kraft schon wieder verändert, denn für die nun bevorstehende Aufgabe darf er nur noch 230 Volt stark sein. Diese Umwandlungen nennt man Transformationen. Immer wenn seine Kraft umgewandelt wird, wird er transformiert. Und das Gerät, das diese Umwandlung macht, ist ein Trafo (Transformator).

Früher sahen die Trafohäuschen wie kleine Türmchen aus. Von denen sind bei uns aber nicht mehr viele in Betrieb.

Die modernen Trafohäuschen erinnern eher an einen grauen Betonkasten. Manchmal sind sie auch schön bunt angemalt. Meistens sind die Stromleitungen heute unter der Erde verlegt.

Wenn du eine elektrische Eisenbahn hast, dann kennst du einen Trafo. Du holst dir für deine Eisenbahn den Strom aus der Steckdose. Die 230 Volt sind aber viel zu stark für die kleinen Motoren der Lokomotiven, die nur 12 bis 16 Volt vertragen. Und deswegen sitzt ein Trafo zwischen der Steckdose und dem Anschluss an deinem Schienennetz. Eine Trafostelle formt den elektrischen Strom auf die Stärke um, die jeweils benötigt wird.

Es dauert nicht mehr lange, und Siggi hat mit seinen vielen Geschwistern das nächste Ziel erreicht. Von dem Trafohäuschen führen einige Leitungen in eine Stadt, andere gehen in ein nahe gelegenes Dorf. Einige von Siggis Geschwistern werden in die Stadt geschickt. Siggi nimmt die Stromleitung zu der kleinen Ortschaft.

Die Dämmerung hat schon eingesetzt, als Siggi im Haus der Familie Weber ankommt. Er kommt gerade zur rechten Zeit. Bei den Webers ist die Hölle los. Im oberen Stockwerk dudelt das Radio, im Wohnzimmer läuft der Fernseher, im Keller ist die Wäsche in der Maschine und in der Küche brutzelt das Hähnchen im Backofen. Auf dem Herd steht die Suppe und überall im Haus brennt Licht.

Siggi rast durch die Leitungen und weiß gar nicht, wo er zuerst hin soll. Überall wird er gleichzeitig gebraucht. Alle Geräte laufen mit Strom… „Wenn es wenigstens ein Gasherd wäre…" denkt Siggi, „dann müsste ich da nicht auch noch hinrennen".

Aber was nützen all seine Gedanken? Siggi ist elektrischer Strom und er muss seine Aufgabe erfüllen.

So geht es kreuz und quer durch das ganze Haus. Vom Keller ins Obergeschoss, von der Küche in das Wohnzimmer… und dann wieder runter in den Keller. Überall sind elektrische Geräte eingeschaltet, die Siggi und seine Geschwister mit Strom versorgen müssen.

Gerade sind sie auf dem Weg zur Lampe im Treppenhaus, als es plötzlich nicht mehr weiter geht. Es scheint fast so, als habe jemand in der Leitung eine schwere Tür geschlossen. Es ist kein Vorwärtskommen mehr. Was ist geschehen?

Herr Weber hat das Licht ausgeschaltet. Mit dem Schalter hat er den Stromkreislauf zur Lampe unterbrochen. Der Strom kann nicht mehr fließen.

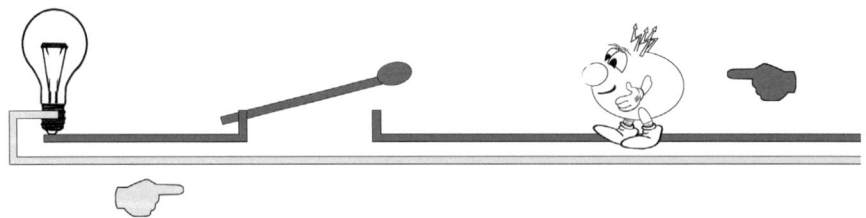

Ein Schalter ist wie eine Zugbrücke. Siggi ist auf dem Weg zur Glühbirne. Vor dem geöffneten Schalter muss er warten, bis die „Brücke" wieder geschlossen wird. Vorher kann er die Lampe nicht erreichen und solange bleibt sie ausgeschaltet.

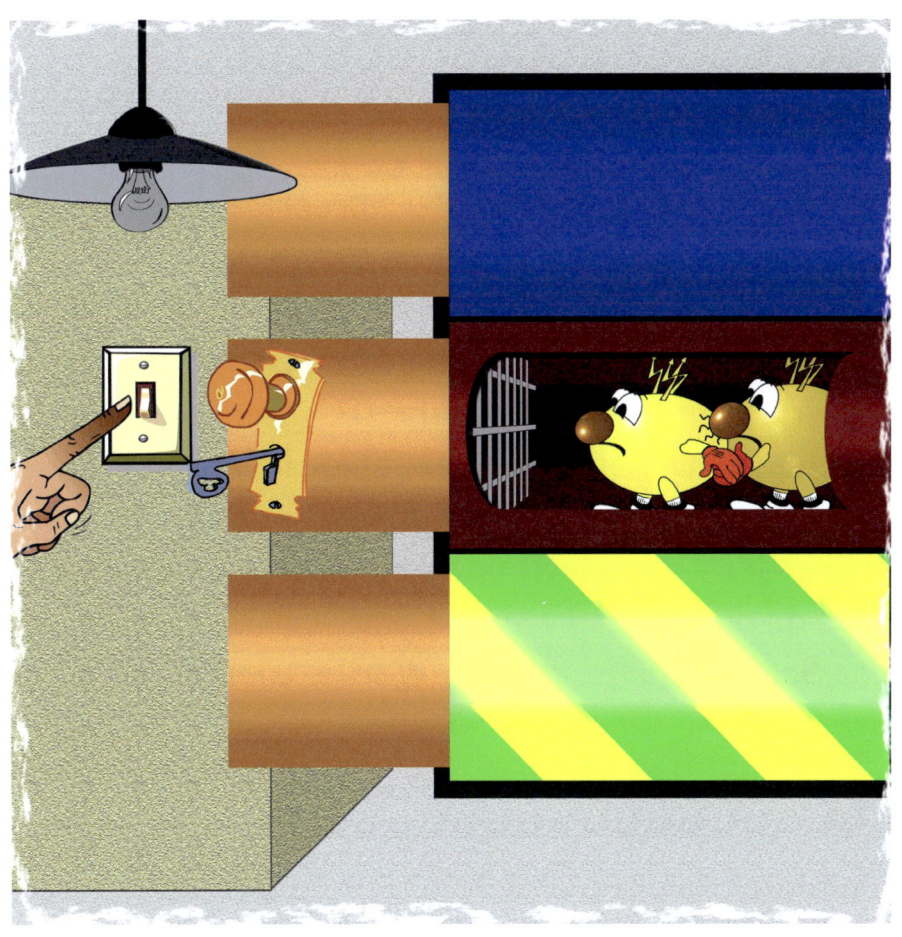

Nun sitzen Siggi und seine Geschwister in der Leitung und müssen warten. Im Moment haben sie nichts zu tun. Langsam kommt Langeweile auf und Siggi macht sich so seine Gedanken... „Durch das dunkle Kabel rennen wir zum Verbraucher... Lampe, Toaster, Kühlschrank und so weiter, und im blauen Kabel rennen wir dann wieder zurück". „Sag einmal...", spricht er das Elektron neben ihm an, „warst du schon in diesem gelb-grünen Kabel? Wofür ist das? Ich bin noch nie durch diese Leitung gerannt". „Darüber kannst du auch sehr froh sein", antwortet sein Nachbar. „Dieses Kabel führt dich direkt in die Erde. Wenn zum Beispiel an einem Gerät ein stromführendes Teil defekt ist, dann kann es passieren, dass du die Leitung verlässt und stattdessen durch das Gerätegehäuse rennst. Wer es dann berührt, der bekommt einen elektrischen Schlag. Deswegen werden die Geräte durch das gelb-grüne Kabel geerdet. Ein großer Teil des elektrischen Stroms wird dann über dieses Kabel ins Erdreich geleitet".

Ausgerüstet mit diesem Wissen hat Siggi nun kein Interesse mehr daran in die gelb-grüne Leitung zu gehen.

Aber die Pause ist nur von kurzer Dauer. Siggi hat seinen Gedanken noch gar nicht richtig beendet, da sind sie auch schon wieder alle am Rennen. Und das schneller, als jemals zuvor. Ihnen ist heiß und der Schweiß steht ihnen auf der Stirn. Die Webers nehmen keine Rücksicht. Zu all den elektrischen Geräten, die bei Webers in Betrieb sind, hat jetzt auch noch jemand den Staubsauger eingeschaltet. Siggi weiß bald nicht mehr, welches Gerät er zuerst mit Strom versorgen soll… und überall muss er fast gleichzeitig sein. Siggi und seine Geschwister rennen so schnell durch die Stromleitungen, dass die Kabel fast am Glühen sind. Siggi ist in der Leitung total überfordert. Und seinen Geschwistern geht es nicht besser. Sie rennen und rennen und rennen, viel schneller als sie eigentlich können.

Was Siggi noch nicht weiß… Frau Weber geht gerade in den Keller um auch noch den Wäschetrockner einzuschalten.

Das kann kein gutes Ende nehmen…

... und es nimmt kein gutes Ende.

Frau Weber hat den Wäschetrockner eingeschaltet und steht gerade auf der Treppe, als es plötzlich stockdunkel wird. Im ganzen Haus brennt keine einzige Lampe. Das Radio dudelt nicht, der Herd ist aus, man hört keinen Staubsauger mehr und die Waschmaschine ist auch stehen geblieben. Was ist bei den Webers passiert? Streikt der Strom?

Die Webers haben vom Strom offenbar zu viel verlangt. Siggi und seine Geschwister mussten so geschwind zu den vielen eingeschalteten Geräten hasten, dass das Leitungsnetz überlastet wurde und heiß geworden ist.

Gut, dass es eine Stromsicherung gibt. Die bemerkt drohende Gefahren von alleine und unterbricht dann einfach die Stromleitung. So wird ein Kurzschluss oder noch schlimmeres verhindert.

Mit der Taschenlampe in der Hand geht Herr Weber zum Sicherungskasten, um die Sicherung wieder einzulegen. Aber vorher hat er einige Geräte abgeschaltet...

ELEKTROSTROMZÄHLER

000425 1 kWh

Form C14U   Nr 26 906 238
230 V   96 U/kWh   Schltg

Brunnen Garten Haus

WERK XY
220 / 380 V   S 181
              L 16A

WERK XY
220 / 380 V   S 181
              L 16A

WERK XY
220 / 380 V   S 181
              L 16A

WERK XY
220 / 380 V   S 181
              L 16A

WERK XY
220 / 380 V   S 181
              L 16A

Dieses Erlebnis dürfte den Webers eine Lehre gewesen sein.

Siggi ist jedenfalls froh, dass jetzt alles wieder in normalen Bahnen läuft. Er kann die eingeschalteten Geräte mit Strom versorgen, ohne sich überarbeiten zu müssen.

Ab und an hat er sogar die Zeit, sich eine größere Pause zu gönnen. Schon seit zwei Stunden sitzt Siggi im Kinderzimmer an der Steckdose und ruht sich aus, als er plötzlich gepiekst wird.

Webers Junior hat einen dummen Gedanken. Einen sehr dummen sogar. Mit einem Draht stochert er in der Steckdose herum.

Siggi ist außer sich vor Wut. „Ist der Kerl noch ganz bei Trost? Na warte Bürschchen! Dir werde ich deine Flausen austreiben... So etwas machst du mit mir nie wieder. Das verspreche ich dir!"

Jetzt geht alles sehr schnell...

Junior bekommt gar nicht richtig mit, was eigentlich geschieht. Wie von der Tarantel gestochen
schießt Siggi aus der Steckdose heraus. Mit aller
Kraft die in ihm steckt, haut er dem Bengel eins
über den Kopf.

„So, der Bursche wird nie wieder auf die Idee kommen, mich quälen zu wollen." denkt Siggi zufrieden.

Oh, oh... Junior kommt langsam wieder zu sich. Man,
hat das weh getan. Niemals im Leben will er den
Strom noch einmal ärgern.

Seit Wochen und Monaten geht Siggi nun schon seiner Beschäftigung im Hause Weber nach. Seine Arbeit ist nicht mehr so anstrengend wie an dem einen besagten Abend. Die Webers haben aus dem Vorfall gelernt.

Was Siggi aber jetzt sehen muss, lässt ihm den Atem stocken. Nach dem Duschbad steht Frau Weber im feuchten Badezimmer am Spiegel. Im Waschbecken läuft das Wasser und dicht daneben liegt der Haartrockner. Weiß Frau Weber nicht, dass Feuchtigkeit und Wasser gute Stromleiter sind? Siggi versteht diesen Leichtsinn nicht. „Nur noch ein Wassertropfen..." denkt Siggi, „es fehlt nur noch ein kleiner Wasserspritzer in Richtung Föhn und ich kann ihn erreichen. Dann werde ich ihr zeigen, wie schnell ich aus dem Stromnetz heraus kommen kann". Und was das bedeutet, das musste schon der Junior erfahren.

Frau Weber hat Glück gehabt. Sehr großes Glück sogar. Siggi hat den Wassertropfen nicht erreicht.

A C H T U N G !

Strom darf nie mit Wasser in Berührung kommen!

Wasser und Feuchtigkeit sind sehr gute Stromleiter.
Deswegen ist hier eine ganz besondere Vorsicht geboten!
Es kann extrem gefährlich werden, wenn elektrischer Strom
mit Wasser in Verbindung kommt.

Deshalb...

Niemals elektrische Geräte mit feuchten oder nassen Hän-
den anfassen.

Niemals elektrische Geräte ins Wasser tauchen. Auch dann
nicht, wenn sie nicht am Stromnetz angeschlossen sind.

Niemals in der Badewanne ein elektrisches Gerät berühren
oder benutzen.
In der Badewanne einen Föhn zu benutzen endet fast immer
tödlich.

Strom ist nicht böse.
 Aber er ist sehr gefährlich,
wenn man ihn falsch behandelt.

Niemals
elektrische
Geräte

in die Nähe
von Wasser
bringen.

Lebensgefahr!

Eigentlich ist Siggi ein ganz friedliches Kerlchen. Aber er kann es nicht leiden, wenn man ihn ärgert oder unvorsichtig mit Strom umgeht. Da kann er richtig böse werden... und Siggi spürt, dass gleich etwas Schlimmes passieren wird.

Herr Weber steht im Wohnzimmer auf der Leiter und will eine neue Lampe anschließen... doch dabei benimmt er sich sehr leichtsinnig. Herr Weber hat vergessen, die Leitung vom Stromnetz zu trennen. Die Sicherung ist eingeschaltet und der Lichtschalter steht auch noch auf „an".

Siggi wartet nur darauf, dass Herr Weber jetzt für einen Moment unachtsam ist oder einen kleinen Fehler macht.

Und Siggi muss auch nicht lange warten. Für einen ganz kurzen Moment ist Herr Weber unachtsam gewesen und berührt mit dem Schraubendreher beide Kabel gleichzeitig. Das dunkle und das blaue Kabel. Darauf hat Siggi nur gewartet. Mit einem grellen Blitz und sprühenden Funken schießt Siggi durch das Werkzeug und verteilt kräftige Schläge. Siggi hat so fest zugeschlagen, dass Herr Weber im hohen Bogen von der Leiter fällt und sich für den restlichen Tag kaum noch bewegen kann. Alle Knochen und Glieder tun ihm weh.

Es ist sehr gefährlich an Stromleitungen zu arbeiten. Nie an einer Stromquelle hantieren, ohne vorher den Strom abgeschaltet zu haben. Es reicht nicht, den Schalter auf „aus" zu stellen. Immer auch am Sicherungskasten den Strom abstellen! Kinder dürfen niemals an Stromleitungen arbeiten. Und Erwachsene nur, wenn sie sich sehr gut auskennen.

Im Zweifellsfall:
Besser einen Elektriker bestellen.
Der hat die nötige Kenntnis und
besitzt auch das richtige Werkzeug
und Messgeräte.

Die Webers haben viel aus ihren Fehlern gelernt. Siggi ist noch eine lange Zeit bei ihnen im Haus und versorgt die elektrischen Geräte mit Strom.

Doch eines Tages muss er von den Webers Abschied nehmen. Er wird dringend an einer anderen Stelle gebraucht, und da gibt es viel für ihn zu tun.

Und wer weiß... Vielleicht kommt Siggi auch einmal zu dir nach Hause. Doch dann darfst du ihn auf gar keinen Fall ärgern.

Auf den folgenden Seiten kannst du ein paar einfache Experimente mit Strom machen. Siggi hilft dir dabei.

Keine Angst... die Experimente sind alle ungefährlich.

Du baust einen Stromkreislauf

Du baust einen Stromkreislauf mit Schalter

Wasser leitet Strom

Der Elektromagnet

Du baust dir eine Apfelbatterie

Du baust einen Stromkreislauf

Hierzu benötigst du:
Eine 4,5 Volt Blockbatterie
1 kleines Glühbirnchen 4,5 Volt bis max. 6 Volt
Eine Fassung (bekommst du im Modellbahnladen)
2 Stück dünnes Kabel (jedes ca. 20 – 30 cm lang)

Bei den Kabeln musst du an den Enden die Umman-
telung entfernen.

Deine Fassung hat zwei Anschlüsse. Befestige an
jeden Anschluss ein Kabel und schraube das
Birnchen in die Fassung. Das ist dein Verbraucher.

Die Batterie hat einen Pluspol (+) und einen Minuspol (-). Das ist dein Kraftwerk.

Schau dir nun die Anschlüsse an der Fassung genau
an. Ein Anschluss hat Kontakt zum Lampengewinde,
der andere Anschluss hat Kontakt zum Fassungssockel. Das ist ganz unten, wo man mit den Fingern
fast gar nicht mehr hinkommt.

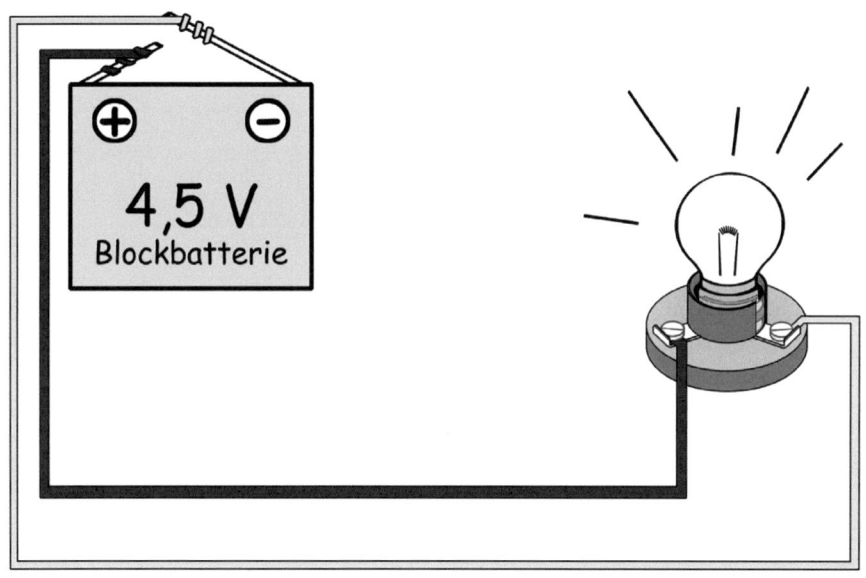

Verbinde nun das Kabel vom Fassungssockel mit dem Pluspol an deiner Batterie. Das andere Kabel verbindest du mit dem Minuspol. Jetzt ist der Stromkreislauf geschlossen und das Lämpchen leuchtet.

Das Lämpchen würde auch leuchten, wenn du die beiden Kabel mit den Anschlüssen vertauschst. Bei der Batterie ist das ungefährlich. Wenn dir das aber bei einer Wohnungslampe mit 220 Volt passiert, dann bekommst du einen elektrischen Schlag, wenn du das Metall vom Fassungsgewinde berührst. Darum ist es immer wichtig, dass alles korrekt angeschlossen ist. Sonst ist das lebensgefährlich.

Du baust einen Stromkreislauf mit Schalter

Hierzu benötigst du zunächst die gleichen Sachen, wie für den Stromkreislauf ohne Schalter. Und du benötigst zusätzlich noch einen Schalter.

Für den Schalter brauchst du:
1 kleines Holzbrettchen
1 Reißzwecke ohne Plastikmütze
1 kleine Schraube aus Eisen
und ein kleines dünnes Plättchen aus Metall
(Hierfür kannst du das Metallplättchen von einem Heftstreifen nehmen.)

Schneide nun das Plus-Kabel (welches bei der Batterie am Pluspol angeschlossen ist) in der Mitte durch und entferne wieder ein Stück von den Isolierungen.

Und nun der Schalter...
Steche oder bohre auf einer Seite des Holzbrettchens ein ganz kleines Loch hinein. Stecke in dieses Loch das Kabelende welches zu der Batterie führt. Biege jetzt das Metallteil vom Heftstreifen ganz leicht nach oben, so dass eine kleine Wölbung ent-

steht. Lege es so auf das Holzbrettchen, dass ein Loch vom Metallstreifen genau über dem Loch im Holzbrettchen liegt und Schraube es fest. Achte darauf, dass dein Kabel dabei nicht aus dem Loch rutscht. Das andere Kabelende von der Lampe wickelst du um die Reißzwecke und drückst sie in das

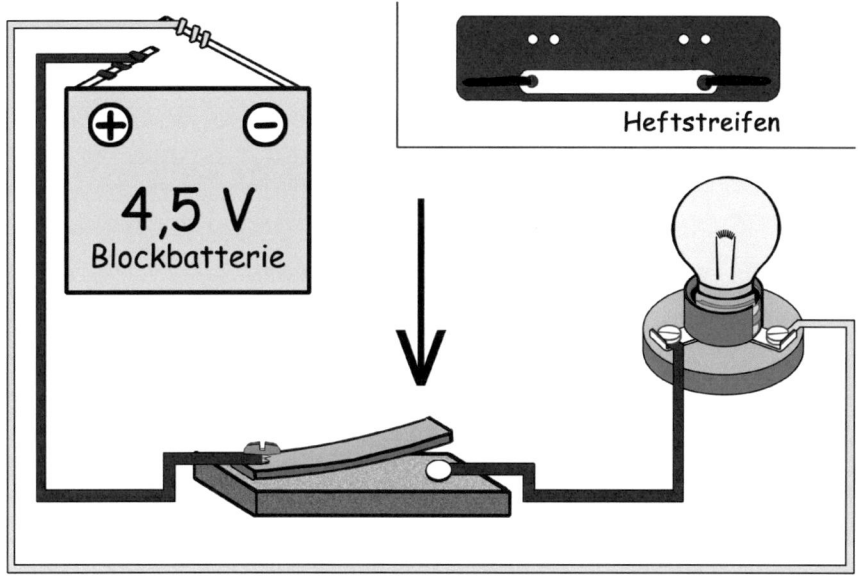

Heftstreifen

Holzbrettchen. Sie muss unterhalb des Metallstreifens sein. Wenn du nun mit dem Finger auf den Metallstreifen drückst leuchtet die Lampe. Nimmst du den Finger wieder weg, dann geht die Lampe aus. Der Metallstreifen ist eine Brücke, der die beiden Kabel verbindet... oder auch nicht. Das ist ein Schalter.

Wasser leitet Strom

Dass Wasser ein guter Stromleiter ist, hast du von Siggi ja schon gelernt. Mit diesem Versuch kannst du den Beweis antreten.

Nimm dein Experiment mit dem Schalter und entferne den Schalter. Die beiden blanken Kabelenden tauchst du jetzt in ein Glas Wasser. Je nachdem wie stark das Wasser chemisch verunreinigt ist, wird das Lämpchen mehr oder weniger hell leuchten. Wenn es gar nicht leuchten will, dann löse einen Löffel Salz in dem Wasser auf.

Deine Batterie liefert nur sehr geringen Strom. Deshalb bekommst du auch keinen elektrischen Schlag.

Aber halte niemals ein richtiges Stromkabel ins Wasser. Das ist wirklich sehr gefährlich und kann tödlich sein!

Wasser leitet elektrischen Strom.

Der Elektromagnet

Du brauchst:
Eine Batterie (4,5 Volt Blockbatterie)
Kupferkabel (ca. 50 cm)
Einen Zinknagel

Zuerst musst du vom Kabel die Isolierung entfernen. Du benötigst den blanken Draht.

Wickele nun den Kupferdraht etwa 30 mal um den Nagel, so wie du es auf der Zeichnung siehst. Die beiden Kabelenden schließt du am Plus- und Minuspol an der Batterie an.

Der Stromfluss im Kabel bewirkt, dass der Nagel magnetisch wird. Du kannst damit jetzt Büroklammern oder andere kleine Eisenteile anziehen.

Du kannst das auch mit einem Kompass feststellen. Die Kompassnadel dreht sich zum Nagel. Schaltest du den Strom aus, geht die Kompassnadel wieder in ihre ursprüngliche Position zurück.

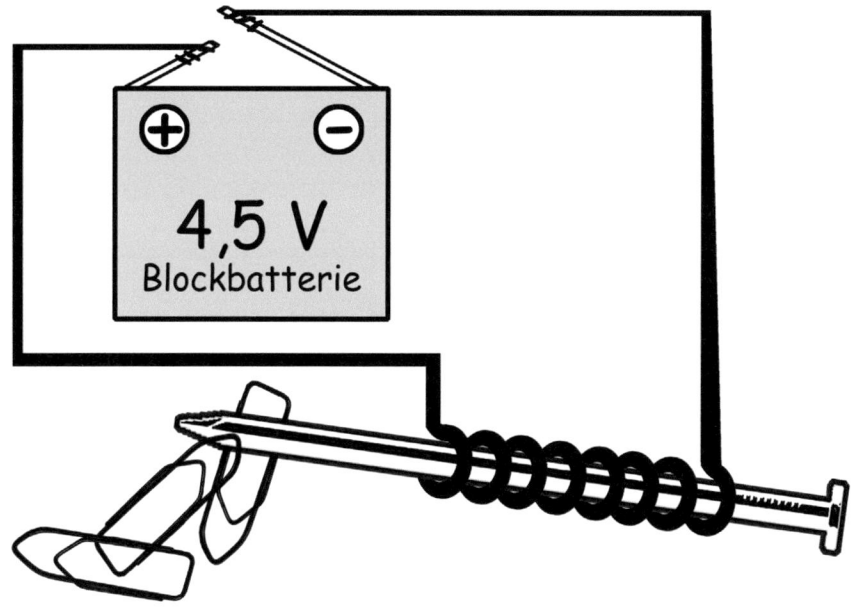

Dieses Experiment darfst du nur für ein paar Se-
kunden machen. Aufgrund des hohen Stromver-
brauchs wird die Batterie ganz schnell leer.

Die Apfelbatterie

Ob du es glaubst oder nicht, man kann aus Äpfeln eine Batterie bauen.

Du benötigst:
3 saure Äpfel
3 x 2 Cent Münzen
3 Unterlegscheiben aus Zink
4 Kupferdrähte (je ca. 20 cm lang)
8 Krokodilklemmen
1 Leuchtdiode

Achtung!
Bevor du diesen Versuch machst, musst du unbedingt wissen…

Nach dem Versuch darfst du das Obst auf gar keinen Fall essen. Es entstehen dabei giftige Substanzen, die sehr ungesund sind. Sage das auch deinen Eltern.

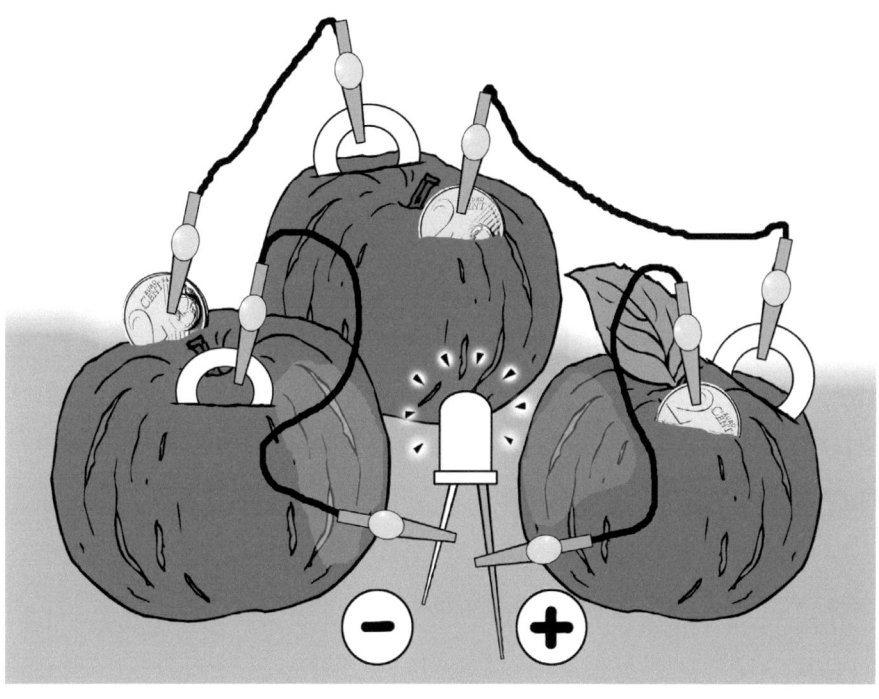

Entferne an den Enden der Kupferdrähte die Isolierung und befestige daran die Krokodilklemmen.
Nun steckst du in jeden Apfel eine 2 Cent Münze
und eine Unterlegscheibe. Unterlegscheibe und
Münze sollen möglichst weit von einander entfernt
sein. Klemme nun ein Kabel von der Münze im ersten
Apfel an die Unterlegscheibe im zweiten Apfel. Die
Münze im zweiten Apfel verbindest du mit der Unterlegscheibe im dritten Apfel. Die Unterlegscheibe vom ersten Apfel und die Münze vom dritten

Apfel verbindest du mit der Leuchtdiode. Achte dabei auf die richtige Polung. Der Draht von der Münze muss bei der Leuchtdiode mit dem längeren Beinchen verbunden werden. Wenn du alles richtig gemacht hast, dann wird das kleine Lämpchen jetzt schwach leuchten. Am besten, du machst diesen Versuch in einem abgedunkelten Raum. Du kannst auch 4 oder 5 Äpfel nehmen und in der gleichen Art miteinander verbinden. Dann erzeugt die Apfelbatterie noch mehr Strom.
Du kannst diesen Versuch auch einmal mit Zitronen und rohen Kartoffeln probieren.

<u>Und denke daran...</u>
<u>Nach dem Versuch das Obst oder Gemüse</u>
<u>unbedingt weg werfen!   NICHT ESSEN!</u>

Warum kann man mit Obst und Gemüse Strom erzeugen?

In dem Obst passiert das Gleiche, wie in einer ganz normalen Batterie... nur mit anderen Materialien.

Die Säure in den Äpfeln erzeugt eine chemische Reaktion. Dabei werden den Kupfermünzen und Zinkscheiben positiv geladene Ionenteilchen entzogen. Weil Zink weniger Ladung abgibt als Kupfer, hat die Zinkscheibe einen Überschuss an negativen Teilchen. Die Kupfermünze gibt in der gleichen Zeit weniger Ionen ab und ist gegenüber der Zinkscheibe positiv geladen. Wenn die beiden Metalle mit dem Draht verbunden werden, gibt die Zinkscheibe ihre überschüssige negative Ladung an die Kupfermünze weiter. Nun ist alles wieder ausgeglichen. Jetzt fließt Strom. Das geht so lange, bis die Säure in den Äpfeln aufgebraucht ist. Dann ist deine Batterie leer.

dasLernbuch.de